JOSEPH PRINCE

Verankert

FINDE FRIEDEN MITTEN IM STURM

ANDACHTEN FÜR 28 TAGE

Die englische Originalausgabe erschien im Verlag 22 Media Pte. Ltd. unter dem Titel *Anchored: Finding Peace In The Storms Of Life*. Copyright © 2018 by Joseph Prince. Published by arrangement with 22 Media Pte. Ltd., www.josephprince.com.

Die Deutsche Nationalbibliothek verzeichnet diese Publikation in der Deutschen Nationalbibliografie; detaillierte bibliografische Daten sind im Internet über http://dnb.dnb.de abrufbar.

Umschlaggestaltung und Fotos: © 22 Media Pte. Ltd.
Corporate Design: spoon design, Olaf Johannson
Abbildungen: © 22 Media Pte. Ltd.
Lektorat: Esther Middeler, Thilo Niepel
Satz: spoon design, Olaf Johannson
Druck: CPI – Clausen & Bosse, Leck
Printed in Germany

1. Auflage 2019

Paperback: ISBN 978-3-95933-100-5, Bestellnummer 372100
E-Book: ISBN 978-3-95933-101-2, Bestellnummer 372101
Hörbuch MP3-CD mit Booklet: ISBN 978-3-95933-102-9, Bestellnummer 372102
Hörbuch Audio-CD mit Booklet: ISBN 978-3-95933-103-6, Bestellnummer 372103
Hörbuch Download mit Booklet: ISBN 978-3-95933-104-3, Bestellnummer 372104

www.gracetoday.de

Inhaltsverzeichnis

Einleitung

Während dieses Buch entsteht, darf ich dabei zusehen, wie meine Tochter Jessica die Highschool abschließt und einen neuen Lebensabschnitt beginnt – am College. Wo ist das kleine Mädchen hin verschwunden, das sich immer ohne zu zögern in meine Arme geworfen hat? Meine Prinzessin hat sich so schnell zu einer jungen Erwachsenen entwickelt. Es scheint, als wäre es erst gestern gewesen, dass ich dieses kleine, engelhafte Baby zum ersten Mal in meinen Armen gehalten habe und von dem intensiven Bedürfnis überwältigt war, sie mit meinem Leben zu beschützen. Aber auch wenn mein Wunsch, sie vor allem Schmerz der Welt zu bewahren, genauso stark wie meine Liebe zu ihr ist, weiß ich doch, dass ich das nicht für immer und schon gar nicht allein tun kann.

Junge Erwachsene leben heute in einer Welt, in der ihre Werte, Überzeugungen und ihr Glaube ständig in Frage gestellt werden. Ihnen wird gesagt, was sie tun, denken oder sagen sollen, und auch, wie sie sein und wie sie aussehen sollen. Forderungen, Erwartungen und Kritik prasseln ebenso unerbittlich auf sie ein wie die Kommentare in den sozialen Netzwerken. Die aufgehübschten Versionen der Realität, die sie über die Feeds ihrer Freunde erhalten, und die pausenlose Bombardierung mit einer ungefilterten digitalen Welt machen es schwer, Fake News von der Wahrheit zu trennen.

So sieht die Welt aus, in die ich auch meine Kinder entlassen muss – aber nicht allein, und auch nicht nur mit meinen sehr kleinen Händen, die sie nicht so gut beschützen können, wie es sich mein Herz wünscht. Der einzige Trost für mich als Vater in einer solchen Welt ist das Wissen um eine Sache: Was ich nicht kann, das kann Gott.

In Jesaja 54,13 (NEÜ) heißt es: »Deine Kinder werden von mir selbst belehrt, sie werden in Frieden leben und ungestörtem Glück.«

Es erleichtert mich sehr zu wissen, dass das Wohlergehen meiner Kinder nicht von meiner Fähigkeit abhängt, sie vor all dem Bösen in der Welt zu schützen, sondern dass der Herr selbst sie führen wird.

Und das ist der Grund, weshalb du heute dieses Buch in den Händen hältst. Ich habe gemeinsam mit meinem Schreibteam für Inhalte an junge Erwachsene an *Verankert* gearbeitet. Es wurde speziell für Jugendliche und junge Erwachsene geschrieben und soll ihnen auf biblische und zugleich praktische Weise helfen, sich gut in einer (oft beängstigenden) Welt zu entwickeln, die ständig versucht, sie nach ihren Maßstäben zu definieren.

Die folgenden 28 Gedanken sind fest in der Bibel gegründet und werden dir zeigen, dass du unerschütterlichen Frieden, Wohlergehen und Sieg erleben wirst, wenn du dein Leben in Jesus verankern lässt.

Lies und genieße sie allein mit ihm in deinen stillen Momenten oder tu es zusammen mit Menschen, die dir wichtig sind. Wir haben nach jedem 7-Tage-Abschnitt zusätzliche Gedankenanstöße und Aufgaben für Kleingruppentreffen angefügt, die du aber auch allein verwenden kannst.

Ich bete, dass dir beim Lesen dieser Andachten während der nächsten 28 Tage die Wahrheiten in Gottes Zusagen Frieden bringen – einen Frieden, der sich auf dem unerschütterlichen Fundament des für dich vollbrachten Werkes Jesu am Kreuz gründet.

Ich wünsche dir, dass du beginnst, das reiche Leben in Christus zu führen und deine von Gott gegebene Bestimmung zu erfüllen!

Ich bete für dich.

WOCHE 1

1 DEIN PERFEKTER ~~STURM~~ INNERER FRIEDE

War es in letzter Zeit stürmisch in deinem Herzen, in deinen Gedanken oder in deinem Leben? Vielleicht war es schwer, nach außen hin so zu tun, als wäre alles in Ordnung, während du insgeheim in deinem Inneren heftig kämpfen musstest, um den Kopf über Wasser zu halten.

Falls du jetzt zustimmend nickst, sollst du zuerst und vor allem anderen wissen, dass du nicht allein bist. Das mag schwer zu glauben sein, wenn du dich durch die Last deiner Umstände oder Gefühle gefangen fühlst, aber Jesus ist MITTEN in deinem Sturm bei dir, und er ist absolut in der Lage, die Wellen zu beruhigen, die dich gerade zu ertränken drohen.

Das Gleiche tat er in der Bibel für seine Jünger, als sie in einem heftigen Sturm, der *Orkanstärke* hatte, auf einem See gefangen waren (siehe Markus 4,37). Das Wasser lief bereits ins Boot und die Männer gerieten in Panik.

Währenddessen lag Jesus schlafend im Boot. Der tobende Sturm konnte ihn nicht wecken, denn er wusste, wer als wahrer Meister die Wellen beherrschte. Stattdessen waren es die verängstigten Rufe seiner Jünger, die Jesus aus dem Schlaf rissen. Er stand auf und wies den Wind und die Wellen zurecht: »Ruhe jetzt! Seid still!« Der Wind legte sich, und **sofort** herrschte eine große Ruhe, eine vollkommene Stille (siehe Markus 4,39).

Lieber Freund (und damit meine ich natürlich immer auch alle Leserinnen), der Jesus, von dem du in der Bibel gelesen hast, ist derselbe Jesus, der heute in deiner Situation für dich da sein will. Die Stürme deines Lebens beunruhigen ihn nicht, aber die stummen Schreie deines Herzens finden seine volle Aufmerksamkeit. Und er ist hier, um dich als Kind Gottes aus deinen Nöten zu retten (siehe Psalm 34,18).

Auch wenn es vielleicht anders als bei den Jüngern nicht sofort passiert, kannst du sicher sein, dass Gott sich verpflichtet hat, in den Stürmen des Lebens dein Anker zu sein. Er hat versprochen, dich nie zu verlassen oder aufzugeben, und auch, dass dich nichts jemals von seiner Liebe trennen wird. Außerdem hat er gesagt, dass du durch seine Liebe zu dir mehr als ein Überwinder bist (siehe Hebräer 13,5; Römer 8,35–37).

Es werden Stürme im Leben kommen, aber es gibt jemanden, der größer ist und an dem du deine Wirklichkeit verankern kannst.

Wir beten, dass diese Wahrheit heute dein Anker sein wird.

Doch mächtiger noch als das Wüten des Meeres, mächtiger als die Wellen am Ufer ist der Herr in der Höhe!

PSALM 93,4

2 ES IST OKAY, WENN DU DICH FÜHLST, ALS WÄRE NICHTS OKAY

Gibt es Tage, an denen dein Herz nur noch von vergifteten Gefühlen überflutet wird und du dich fühlst, als hättest du nicht mehr genügend Kraft (oder Hoffnung), um auf Gott zu vertrauen?

Falls du dann durch deine Bibel blätterst und nach einer Geschichte suchst, mit der du dich identifizieren kannst, lass dir einen Mann vorstellen, der voller Angst, deprimiert *und* selbstmordgefährdet war.

Dieser Mann war ausgerechnet der Prophet Elia. Obwohl Gott ihm gerade einen großen Sieg geschenkt hatte, fürchtete er sich trotzdem, als eine feindlich gesinnte Königin drohte, ihn zu töten. Er bat Gott sogar um den Tod. »Herr, ich kann nicht mehr!«, stöhnte er. »Lass mich sterben! Irgendwann wird es mich sowieso treffen, wie meine Vorfahren. Warum nicht jetzt?« (1. Könige 19,4 HFA). Überraschung! Selbst große Männer Gottes können an einem Tag himmelhoch jauchzend und am nächsten Tag zu Tode betrübt sein.

Aber Gott ließ Elia in dessen Verzweiflung nicht allein. Er sagte zu dem Propheten nicht »Komm mal wieder klar!« oder »Reiß dich zusammen!«. Stattdessen ließ Gott den erschöpften Propheten sanft schlafen und schickte Engel, die ihn mit warmen Mahlzeiten versorgten (siehe 1. Könige 19,5–6). Und auch, als Elia die Nacht in einer Höhle auf einem Berg verbrachte, war der Herr bei ihm. (Um ihn fragen zu können: »Was machst du *hier*, Elia?«, muss Gott *dort* gewesen sein.)

Siehst du, wie der Herr *genau in dem Moment* zu Elia kam, als es dem Propheten überhaupt nicht gut ging? Siehst du, wie Gott ihm dann seine Ängste nahm und sich um ihn kümmerte, bis er wieder heil war – und zwar ganz ohne Belehrungen, dass ein so großer Mann Gottes es doch eigentlich »besser wissen sollte« oder stärker sein müsste? Lieber Freund, genau das ist es, was Gott heute für dich tun will. Es spielt dabei keine Rolle, ob dich gerade einfach alles nur anödet oder ob du in einem ausgewachsenen Sturm der Hoffnungslosigkeit feststeckst, wie es bei Elia der Fall war. **Der Herr, der die Haare auf deinem Kopf zählt, kümmert sich um dich und wird dich mit seiner Liebe ganz sanft wiederherstellen.**

Du kannst so zu ihm kommen, wie du bist – vielleicht schwach, erschöpft oder deprimiert –, und darfst sicher sein, dass er dich geduldig und liebevoll wieder heil machen wird.

Er wird die Angeschlagenen und Verletzten nicht beiseiteschieben und die Kleinen und Unbedeutenden nicht ignorieren, sondern er wird die Dinge zuverlässig und konsequent in Ordnung bringen.

JESAJA 42,3 MSG

3 WORIN IST DEIN WERT VERANKERT?

Wovon wird dein Wert bestimmt? Davon, wie gut du dich auf der Arbeit schlägst, wie gebräunt du bist oder wie viele Likes du auf Instagram bekommst?

Vielleicht messen wir unseren Wert und unseren Platz in der Welt an diesen Maßstäben, aber weißt du, wie viel du in den Augen Gottes wert bist? Du bist den Tod seines vollkommenen, *einzigen* Sohnes am Kreuz wert – die Bezahlung für alle unsere Fehler und Unvollkommenheiten, die es uns vorher unmöglich machten, Gott nahezukommen.

Und wusstest du, dass Gott von Jesus sagte: »Das ist mein Sohn, die Freude meines Lebens, auserwählt und gekennzeichnet von meiner Liebe« (Matthäus 3,17 MSG)? So sehr (und noch viel mehr!) liebt Gott dich, denn **er hat Jesus für dich aufgegeben**.

Lass das einen Moment sacken.

Wenn du dir heute unsicher darüber bist, welchen Wert du hast, und falls dir niemand in deinem Leben jemals deinen Wert bestätigt hat, dann denk daran: Gott blickte auf die Zeitlinie der gesamten Menschheit, dachte an dich – an jeden Fehler, den du machen würdest, jede Sünde, die du begehen würdest – und entschied, dass du *immer noch* den Tod des einzigen Himmelssohnes wert warst.

Die Welt will, dass wir uns an vielen anderen Maßstäben messen, aber denk daran, dass der Wert deines Lebens in Wirklichkeit an Folgendem zu messen ist: Dein liebender himmlischer Vater hat das Beste des Himmels gegen das Schlimmste der Menschheit eingetauscht. Sein Sohn hat sein Leben freiwillig für dich hingegeben, damit du Gott heute »Papa! Vater!« nennen kannst (siehe Römer 8,15).

Es ist zwar toll, sich verbessern und weiterentwickeln zu wollen, es ist aber auch unglaublich befreiend, wenn dein Wert nicht an deine Leistungen gebunden ist, sondern darin verankert liegt, wie sehr dich Gott höchstpersönlich wertschätzt.

Mehr über das Opfer Jesu für dich am Kreuz kannst du in Matthäus 27–28 lesen. Das ist ein super Ausgangspunkt auf dem Weg dahin, dich selbst so zu sehen, wie Gott dich in Wirklichkeit sieht.

Anstatt deinen Wert an den Dingen dieser Welt festzumachen, sei vielmehr fest im Fundament seiner unveränderlichen Liebe verankert.

Gott aber beweist uns seine große Liebe gerade dadurch, dass Christus für uns starb, als wir noch Sünder waren.

RÖMER 5,8 HFA

4 BEZWINGE DIE STÜRME DES LEBENS

»Ich bin zu introvertiert.« »Ich bin süchtig.« »Ich werde immer Probleme haben, meine Wut zu kontrollieren.« »Angst ist etwas, mit dem ich einfach für immer leben muss.«

Falls du jemals versucht hast, eine schlechte Angewohnheit loszuwerden oder etwas an dir selbst zu ändern, wirst du bald festgestellt haben, dass das wahrscheinlich eines der schwierigsten Dinge war, die du je getan hast.

Aber was wäre, wenn ich dir sagen würde, dass wahre Veränderung in deinem Leben nicht damit beginnt, anders zu *handeln*, sondern anders zu denken? Was, wenn es deine Überzeugungen sind, die deine Gedanken, Gefühle und schließlich dein Verhalten verändern werden – und zwar mühelos?

Stell dir vor, du bist ein Boot, das im Meer des Lebens hin und her geworfen wird. Es gibt Tage, an denen das Meer klar und ruhig ist. Aber zu anderen Zeiten bilden sich stürmische Wellen und werfen dein kleines Boot nach Belieben hin und her.

Und jetzt stell dir vor, dass der Meeresboden die WAHRHEIT über das vollbrachte Kreuzeswerk Jesu für dich ist – ein vollkommenes Werk, das uns zu echten Siegern über jede schlechte Gewohnheit und jede falsche Überzeugung macht, die heute unser Gewissen plagt (siehe Römer 8,37). Der Meeresboden verändert sich nicht, egal, wie ruhig oder stürmisch das Meer ist.

Aber hast du in deinem Boot einen Anker, der dich am Meeresboden seiner Wahrheit festhält? Mein Freund, dieser Anker ist das, was du heute über das vollbrachte Werk Jesu glaubst und darüber, was es mit dir zu tun hat. (Denn schließlich kann die Wahrheit nur dann bei dir Wirkung zeigen, wenn du auch *glaubst*, dass sie wahr ist.)

Wie also lautet die Wahrheit, die Gott heute über dich ausspricht?

Er sagt, wenn du dein Vertrauen auf Christus gesetzt hast, dann bist du mit ihm am Kreuz gestorben, und seine Identität ist jetzt auch deine (siehe Galater 2,20).

Er sagt, dass Schwächen oder schlechte Angewohnheiten, mit denen du kämpfst, keine Macht mehr über dich haben, weil du nicht mehr als Sklave unter dem Gesetz stehst, sondern seine Gunst und Barmherzigkeit empfangen hast (siehe Römer 6,14).

Lieber Freund, glaube trotz deiner Schwächen und Fehler an die Wahrheit, dass Gott dich so sieht, wie er Jesus sieht, weil Jesus bereits die Strafe für all deine Sünde am Kreuz getragen hat. Wenn du an seiner Wahrheit festhältst, wirst du anfangen, dort echte Veränderung zu sehen, wo du zuvor nie aus eigener Kraft weitergekommen bist.

Wie du es im Vertrauen von mir erwartet hast, soll es geschehen.

MATTHÄUS 8,13 GNB

FEMMES

5 WELCHE FILME SPIELST DU IN DEINEM KOPFKINO AB?

Was stellst du dir heute in deinem Herzen vor? Welche Filme über dich selbst laufen in deinem Kopf ab, die für andere nicht sichtbar sind?

Leider basieren diese Filme oft auf Situationen oder Dingen, die für dich nicht so toll gelaufen sind. Vielleicht fühlst du dich in der Gegenwart anderer Menschen sehr unsicher, weil du dich selbst immer für peinlich gehalten hast. Oder dein Selbstwertgefühl ist im Keller, weil du in der Vergangenheit so manches verbockt hast.

Aber wusstest du, dass Gott eigene Drehbücher für neue Filme in dein Herz schreiben will, die nicht durch deine Gegenwart oder Vergangenheit begrenzt sind, um so eine großartige Zukunft für dich zu schaffen?

Viele von uns haben von der Kraft positiver Visualisierung gehört, also dass man seine Vorstellungskraft nutzen kann, um Gutes geschehen zu lassen. Aber wusstest du, dass

Visualisierung nicht nur von der Welt genutzt wird, sondern dass sie auch biblisch ist?

In der Bibel sagte Gott zu Abraham, der alt und kinderlos war und eine unfruchtbare Frau hatte: »Und ich werde deine Nachkommen so zahlreich machen wie den Staub auf der Erde, den niemand zählen kann« (1. Mose 13,16 GNB). Gott führte ihn nachts hinaus in die Dunkelheit der Wüste und sagte: »Sieh hinauf zu den Sternen am Himmel! Kannst du sie zählen? So unzählbar werden deine Nachkommen sein« (1. Mose 15,5 GNB).

Lange bevor die Nation Israel oder einer von uns auf der Bildfläche erschien, malte Gott Bilder in Abrahams Herz. Wann immer dieser auf die Sterne oder auf den Staub der Erde blickte, wurde er an Gottes Versprechen erinnert. Und so nahm Gottes Wunder seinen Anfang: Als Abraham 100 Jahre alt war und Sarah 90, wurde Isaak geboren, und aus der Abstammungslinie dieses einen Jungen wurde die Verheißung unzähliger Nachkommen wahr, die bis heute Bestand hat (siehe Galater 3,29).

Lieber Freund, **Gott will Drehbücher zu neuen Filmen in dein Herzen schreiben, die auf dem basieren, was er in seinem Wort verspricht**. Lass Gott die negativen Filme, deren Wiederholungen du dir immer wieder angesehen hast, in die Hoffnung auf eine gute und großartige Zukunft verwandeln (siehe Jeremia 29,11).

»Denn ich weiß genau, welche Pläne ich für euch gefasst habe«, spricht der Herr. »Mein Plan ist, euch Heil zu geben und kein Leid. Ich gebe euch Zukunft und Hoffnung.«

JEREMIA 29,11

6 »ICH BIN ERFOLGREICH, WEIL ...«

Womit würdest du diesen Satz beenden? Weil … du in einer guten Familie aufgewachsen bist? Weil … du dich bei der Arbeit so richtig ins Zeug legst? Oder kommt dir das wie Hohn vor, weil erfolgreich zu sein für dich im Moment mehr mit einem Traum als mit der Realität zu tun hat?

Nun, wenn du dich heute nicht mal annähernd erfolgreich *fühlst*, ist das in Ordnung. Wusstest du, dass Gott einmal einen Sklaven namens Josef, der ohne Kleidung und völlig mittellos und allein in einem fremden Land ohne Freunde oder Familie gelandet war, *einen erfolgreichen Mann* nannte?

Und das nur aus einem einzigen Grund: Weil **der Herr mit ihm war** (siehe 1. Mose 39,2). Josefs Dienstherr sah das, und er erkannte auch, dass der Herr alles, was Josef tat, zum Erfolg führte. Natürlich blieb Josef nicht dauerhaft ein Sklave – und stieg nach ein paar Umwegen auf spektakuläre Weise zum *zweitwichtigsten* Mann und Befehlshaber nach dem Pharao auf, dem Herrscher über Ägypten (siehe 1. Mose 41,40).

Nimm dir einen Moment Zeit und denk mal darüber nach. Josefs Geschichte kann man wohl als *die* Vom-Tellerwäscher-zum-Millionär-Erfolgsstory in der Bibel bezeichnen.

Wenn du dich heute also so fühlst, als hättest du den absoluten Tiefpunkt erreicht, dann sollst du wissen, dass Gott dich nicht so sieht. Er sieht dich bereits erfolgreich, *weil* er bei dir ist. Wirst du deinen Erfolg darin verankern lassen, anstatt ihn an deinem Kontostand, deinem Beziehungsstatus oder an irgendeinem anderen sichtbaren Erfolgsfaktor festzumachen?

Sieh den Herrn schon morgens beim Aufwachen an deiner Seite – sieh ihn bei dir, wenn du an deinem herausfordernden Projekt sitzt und es abarbeitest oder wenn du das schwierige Gespräch mit einem Freund oder jemandem aus deiner Familie führen musst, weil ihr euch zerstritten habt. Und sieh ihn auch dann bei dir, wenn du durch harte Zeiten gehst.

Dich in der Wahrheit zu verankern, dass der Herr bei dir ist, bringt den Erfolg auch in jeden anderen Bereich deines Lebens – unabhängig davon, wie die Realität gerade aussehen mag (schließlich hätten die meisten der Situationen, in die Josef geriet, ihn nicht mal ansatzweise ins Rennen um die Herrschaft über Ägypten gebracht!). **Du kannst heute trotz deiner sichtbaren Umstände Erfolg genießen, einfach nur deshalb, weil der Herr bei dir ist.**

Doch der Herr war
mit Josef, und er war
(obwohl er ein Sklave war)
ein erfolgreicher und
wohlhabender Mann.

1. MOSE 39,2 AMP

7 SCHWACH SEIN MACHT STARK

Viele von uns gehen durchs Leben und sind ständig bemüht, ihre Schwächen zu verbergen. Oder sie tun ihr Bestes, um sie zu überwinden (und scheitern dabei). Aber wusstest du, dass Gott einen besseren Weg hat?

Es gab einmal einen Mann in der Bibel, der sich wahrscheinlich wie der schwächste Mensch der Welt fühlte. Sein Name war Gideon und er sagte: »Meine Sippe ist die *kleinste* im ganzen Stamm Manasse und ich bin der *Jüngste* in meiner Familie« (Richter 6,15).

Aber Gott sagte etwas sehr Tiefgründiges zu ihm: »Geh hin **in dieser deiner Kraft** und rette Israel aus der Hand Midians! Habe ich dich nicht gesandt?« (Richter 6,14 ELB).

Was war »diese deine Kraft«, von der Gott sprach, wenn man bedenkt, was Gideon von sich selbst sagte und angesichts der Tatsache, dass er sich zu dieser Zeit vor den Feinden Israels versteckte?

Diese Kraft waren *gerade* all die Schwächen, die Gideon in sich selbst sah. Denn weißt du, Gott sagte auch noch zu ihm:

»**Ich werde mit dir sein**. Du wirst Midian vernichten, als wäre es nur ein einziger Mann« (Richter 6,16).

Solange Gideon in seinen eigenen Augen schwach war, konnte Gott seine Stärke sein. So wurde aus seiner Schwäche seine Kraft.

So ist es auch heute für uns. Gott verlangt von uns nicht, dass wir unsere Schwäche aus eigener Kraft überwinden. Er verlangt von uns nur, dass wir eingestehen, wie schwach wir sind, denn das *schafft Raum* für seine Kraft, die sich in unserer Schwäche voll entfalten kann (siehe 2. Korinther 12,9).

Und wie die Geschichte erzählt, befähigte der Herr Gideon und dessen bescheidenes Heer von 300 Mann, die Midianiter zu besiegen, indem er die scheinbar unlogischste Kriegsstrategie *aller Zeiten* einsetzte: Er ließ seine Leute in Widderhörner blasen und einen Haufen Tonkrüge zerschmettern, in denen Fackeln brannten (siehe Richter 7).

Stell dir vor, du wärst einer dieser 300 Männer, die Gideon an jenem Tag folgten. Man muss schon wenigstens ein *kleines* bisschen Vertrauen in Gott haben, um nicht zu denken, dass dieser Mann absolut verrückt war, mit Hörnern und Tontöpfen gegen eine Armee zu kämpfen!

Aber das ist der Gott, dem wir dienen – er benutzt die Dinge, die der Welt dumm erscheinen, um die Klugen zu beschämen (siehe 1. Korinther 1,27). **Auch heute noch wird die Kraft und Gnade des Herrn nicht von deiner Kraft, sondern von deinen**

Schwächen angezogen. Und wenn wir ehrlich sind, können wir ohne ihn sowieso nichts tun (siehe Johannes 15,5).

Wirst du heute also wie Gideon in dieser deiner Kraft gehen und Gott erlauben, in deinem Leben stark zu sein?

Jedes Mal sagte er: »Meine Gnade ist alles, was du brauchst. Meine Kraft zeigt sich in deiner Schwäche.«

2. KORINTHER 12,9

WOCHE 1

SELAH

(Pause machen / reflektieren / proklamieren)

Pause machen

Kämpfst du in irgendeinem Bereich deines Lebens mit Schwächen, falschen Überzeugungen oder Angst? Notiere oder zeichne es auf der nächsten Seite.

Reflektieren

Sprich mit deiner Gruppe über das, was du aufgeschrieben oder gezeichnet hast.

Proklamieren

Proklamiere die Wahrheit der Verheißungen Gottes über dein Leben (siehe Seite 43). Was du als Ausschlusskriterien siehst, ist in Wahrheit das, was dir Anspruch auf Gottes Gnade gibt!

Beten

Nehmt euch einen Moment Zeit, um füreinander zu beten und euch gegenseitig zu ermutigen.

REFLEKTIEREN

WAS MICH FÜR GOTTES GNADE QUALIFIZIERT

Danke Gott, dass deine Gnade für mich genügt und dass deine Kraft in meiner Schwäche voll zur Entfaltung kommt (siehe 2. Korinther 12,9). Danke, Herr, dass du mit mir durch die Stürme des Lebens gehst und dass die Schwierigkeiten in dieser Welt mich nicht erdrücken werden (siehe Jesaja 43,2). Danke für deine Hoffnung, die meine Seele sicher verankert (siehe Hebräer 6,19). Und selbst wenn ich mich fehl am Platz fühle, wird dein Erfolg mich finden, weil du bei mir bist (siehe 1. Mose 39,2). In Jesu Namen, amen.

NOTIZEN

WOCHE 2

8 DEINE GESCHICHTE WIRD NICHT SO ENDEN

Kannst du glauben, dass der Apostel Paulus, der die meisten neutestamentlichen Briefe geschrieben hat, die Urgemeinde verfolgte und sogar Christen ins Gefängnis werfen ließ? Das war, bevor der Herr zu ihm sprach und sein Leben in eine völlig neue Richtung lenkte (siehe Apostelgeschichte 8,3 und 9).

Hast du, wie Paulus, in deiner Vergangenheit einen schweren Fehler gemacht? Oder kämpfst du gerade mit einer schlechten Angewohnheit, die sich scheinbar nicht loswerden lässt?

Gott will, dass du heute erfährst: Deine Geschichte wird nicht so enden. So, wie er das Leben von Paulus auf großartige Weise verändert hat, kann er das Gleiche für dich tun.

Paulus hätte sich wegen seiner dunklen Vergangenheit leicht in heftige Schuldgefühle verstricken können. Er wäre dann nicht in der Lage gewesen, in die neue Berufung einzutreten, die Gott für sein Leben hatte. *Aber* stattdessen sagte er etwas ganz Wunderbares:

»Nein, ich bilde mir nicht ein, es schon geschafft zu haben, liebe Geschwister; aber eins steht fest: Ich vergesse das Vergangene und schaue auf das, was vor mir liegt« (Philipper 3,13 NEÜ).

Vielleicht fällt es dir schwer, deine schmerzhafte Vergangenheit zu vergessen, aber du kannst dich definitiv auf **bessere** Dinge freuen. Denn Gott hat versprochen, dass dein Weg als Christ »wie der erste Sonnenstrahl am Morgen [ist], der immer heller leuchtet, bis das volle Licht des Tages erstrahlt« (Sprüche 4,18).

Und wie wir es schon an Tag 5 besprochen haben, kannst du anfangen, Zeit mit dem Herrn zu verbringen, und ihn neue Bilder von einer helleren Zukunft in dein Herz malen lassen, die in seinen Versprechen verankert sind.

Deine Fehler und dein Versagen waren vielleicht heftig, und es ist auch nicht so, als würde Gott Sünde als halb so schlimm betrachten. Aber er ist trotzdem auf deiner Seite, weil Jesus an deiner Stelle für jeden deiner Fehler und jedes deiner Versäumnisse bestraft wurde.

Deshalb wird deine Geschichte nicht in einer Tragödie enden. Deshalb **kannst du von vorn anfangen und eine neue Seite aufschlagen, egal, wie deine Vergangenheit aussieht**. Wirst du dem Herrn das Buch deines Lebens öffnen und ihn eine schöne (neue) Geschichte auf den kommenden Seiten schreiben lassen?

Gott schrieb die Geschichte meines Lebens neu, als ich das Buch meines Herzens vor seinen Augen öffnete.

PSALM 18,24 MSG

9 DU HAST #PROBLEME? MACHT DOCH NICHTS.

»Wie geht es dir?«

»Mir geht's gut.«

So oder ähnlich klingt die wohl häufigste Lüge, die je erzählt wurde. Und manchmal ist unsere Zurückhaltung, ehrlich zu antworten, völlig berechtigt. Wie viele Menschen sind schließlich bereit, mit der *echten* Antwort auf diese Frage richtig umzugehen?

Aber wusstest du, dass es eine Person gibt, die mit unserer Ehrlichkeit umgehen *kann*, die sich wirklich freut, wenn sie sich um unsere Probleme kümmern darf, und die davon sogar einen Energieschub bekommt?

Es ist kein Geringerer als unser Herr Jesus. In der Bibel heißt es, »es gibt *einen* Freund, der anhänglicher ist als ein Bruder« (Sprüche 18,24 SLT). Jesus? Der ist dein bester Kumpel. Er steht hinter dir, und er wird sich zu dir setzen und dir stundenlang zuhören – und das jeden Tag.

Einmal saß Jesus müde von einer Reise an einem Brunnen in der Mittagshitze. Obwohl er körperlich erschöpft war, diente er einer zutiefst gebrochenen samaritischen Frau, die einige wirklich skandalöse #Probleme hatte (die Art von Problemen, über die Frauen tratschen, während sie in der Küche Guacamole zubereiten).

Diese Frau hatte fünf Ehemänner gehabt und lebte zurzeit mit einem Mann zusammen, mit dem sie nicht mal verheiratet war. Und jetzt war sie zur heißesten Tageszeit zum Wasser holen gekommen, nur um dem Geläster der anderen Frauen in der Stadt zu entgehen.

Doch am Ende ihres Gesprächs hatte Jesus das Herz dieser Frau so vollständig wiederhergestellt, dass sie sofort zur Evangelistin wurde. Vorher hatte sie die Menschen um jeden Preis gemieden. Doch jetzt ging sie zu allen hin, die sie kannte, und erzählte ihnen alles, was sie von Jesus wusste!

Und Jesus? Er sagte zu seinen Jüngern, als sie mit etwas Essbarem für ihn zurückkehrten: »Ich lebe von einer Nahrung, die ihr nicht kennt« (Johannes 4,32 GNB).

Mit anderen Worten, es *nährte* Jesus, sich mit den Problemen der Frau zu befassen, ihr Herz wiederherzustellen und sie heil zu machen. Und weil er gestern, heute und für immer derselbe ist, bekommt er immer noch einen Energieschub, wenn du heute mit deinen Problemen zu ihm kommst.

Wie David damals in seinen Psalmen sagte: »Ich klage ihm meine Not, und teile ihm mit, was mich quält« (Psalm 142,2 NEÜ).

Gott wird nicht davon abgeschreckt, wenn du deine Probleme zu ihm bringst. Es gibt ihm einen Energieschub! (Total abgefahren, das wissen wir, aber es ist wahr.) Also, wirst du den Herrn heute in deine Probleme einweihen?

Lass all deine Sorgen und Probleme bei ihm, denn er denkt immer an dich und hat alles, was dich betrifft, im Blick.

1. PETRUS 5,7 TLB

10 DU BIST ~~UN~~GEEIGNET

Hast du manchmal das Gefühl, dass das Leben dir nur richtig miese Karten ausgeteilt hat? Vielleicht kommst du aus einer sozial schwachen Familie, bist mit nur einem Elternteil aufgewachsen oder fühlst dich in den Vorurteilen gegen dein Geschlecht oder deine ethnische Zugehörigkeit gefangen.

Gott will, dass du heute Folgendes weißt: Ganz gleich, wie deine Umstände gerade aussehen, du musst dich durch sie nicht ausbremsen lassen.

Ich will dir als Beispiel Rut aus der Bibel vorstellen: Sie war eine arme Witwe aus Moab, die in Israel lebte – einem Land, in dem die Moabiter per Gesetz diskriminiert wurden. Sie und ihre Schwiegermutter Naomi waren so arm, dass sie sich nicht einmal Getreide leisten konnten. Also musste Rut die Felder der Grundbesitzer absuchen, um das Getreide aufzulesen, das die Erntehelfer zurückgelassen hatten.

Obwohl die Chancen schlecht standen, glaubte Rut fest daran, dass der Gott Israels dafür sorgen würde, dass sie bei den Israeliten Gunst fände. Sie sagte zu Naomi: »Ich möchte gern aufs Feld gehen und etwas von den Ähren mit auflesen hinter dem her, in dessen Augen **ich Gunst finden werde**« (Rut 2,2 ELB).

Und wie es geschah (oder wie Gott es geschehen ließ), stieß Rut auf ein Feld, das Boas gehörte, einem reichen, freundlichen und unverheirateten Mann, der – wie sich herausstellte – auch noch ein entfernter Verwandter von Naomi war (siehe Rut 2,3). Im ursprünglichen hebräischen Text ist das Wurzelwort für »geschehen« *qarah*, was bedeutet, sich unabgesprochen zu treffen, *zufällig* (oder durch Gott arrangiert) anwesend zu sein.

Um es kurz zu machen, Boas verliebte sich in Rut und heiratete sie schließlich.

Nicht nur das – Rut wurde zu einer der wenigen Frauen, die namentlich in Jesu irdischer Abstammungslinie erwähnt sind (siehe Matthäus 1,5). Wow, was für ein Unterschied zu früher, als sie eine unbekannte, arme, moabitische Witwe war!

Lieber Freund, was dich heute in deinen Augen ungeeignet erscheinen lässt, ist genau das, was dich für Gottes größte Segnungen qualifiziert!

Sein *Qarah* wird dich dorthin bringen, wo dich deine normalen Lebensumstände nicht hinkommen lassen. **Wenn du deine Augen auf den Herrn gerichtet hältst, anstatt auf das, was dich ungeeignet erscheinen lässt, wird er deine Schritte lenken und dich zum Erfolg führen!**

»Der Herr, der Gott Israels, unter dessen Flügeln du Zuflucht gesucht hast, soll dir das vergelten und dich reich dafür belohnen.«

RUT 2,12

11 ~~FÜR IMMER~~ NIE MEHR ALLEIN

Kennst du Tage, an denen du dich so fühlst, als wäre es dein Schicksal, #fuerimmerallein zu sein? Vielleicht ist es nicht die körperliche Nähe, die dir fehlt. Aber da ist dieses Gefühl, dass dich niemand wirklich versteht und dass es womöglich für immer so bleiben wird.

Solche Tage können dir auf heftige Weise das Gefühl geben, ganz allein im Universum zu sein. Aber wusstest du, dass es einen Moment gab, in dem Jesus extremste Einsamkeit durchlitten hat, damit du und ich es nicht müssen? Sein Tod am Kreuz für unsere Sünden – ganz allein, getrennt von seinem Vater – wurde in Psalm 88,19 prophezeit:

»Du hast mir meine Freunde und Verwandten genommen; alles, was mir jetzt noch bleibt, ist Finsternis.«

Klingt total deprimierend, oder? Es muss Gott das Herz gebrochen haben, seinen Sohn durch solche Qualen zu schicken.

Aber weil er auch uns liebte, wusste Gott, dass nur Jesus dafür geeignet war, als würdiges (perfektes) Opfer die Strafe für unsere Sünden zu tragen, damit wir mit ihm versöhnt werden konnten (siehe Kolosser 1,19–22; 1. Timotheus 2,5).

Und als Jesus an diesem einsamen Kreuz die Last der Sünde und des Schmutzes dieser Welt trug, musste Gott seine heiligen Augen von seinem Sohn abwenden. So, wie Jesus in jenem schmerzhaften Moment schrie: »Mein Gott, mein Gott, warum hast du mich verlassen?«, können wir als Kinder Gottes heute rufen: »Mein Vater, mein Vater, warum liebst du mich *so sehr*?«

Der Tod Jesu erkaufte uns die Freiheit, *niemals* wieder allein sein zu müssen. Aufgrund dessen, was er getan hat, wird uns jetzt nichts mehr von der Liebe Gottes trennen können (siehe Römer 8,38–39).

Er hat unsere gerechte Strafe auf sich genommen, sodass es dir heute, auch an deinen einsamsten Tagen, nicht an Beziehungen in deinem Leben fehlen wird – sowohl zu Gott als auch zu Menschen.

Jesus hat *mit seinem Leben* bezahlt, damit du ihn immer ganz nah bei dir haben kannst. Glaub nicht einen Moment lang, dass du dazu bestimmt bist, ein einsames Leben zu führen. Du bist nie allein und immer umsorgt.

Gott selbst hat gesagt: »Ich werde dich in keiner Weise enttäuschen, dich nicht aufgeben und dir niemals meine Unterstützung verweigern. Ich werde dich auf keinen Fall, nie und nimmer, hilflos zurücklassen, dich vergessen oder im Stich lassen (dich loslassen)! Ganz gewiss nicht!«

HEBRÄER 13,5 AMP

12

VERLOREN UND GEFUNDEN

Verlust. Ein schmerzhaftes Wort mit sieben Buchstaben, das keinem von uns fremd ist, wenn wir ehrlich sind. Wir wissen, wie es ist, einen Freund, eine Beziehung, vielleicht auch einen Job, die Gesundheit oder sogar das eigene Glück und den inneren Frieden zu verlieren.

Wenn das deine Situation beschreibt, dann sollst du wissen, dass Gott auch jetzt noch ganz nah bei dir ist. Sein Wort verspricht, dass er denen »nahe« ist, »die verzweifelt sind und keinen Mut mehr haben« (Psalm 34,19 GNB), und er versteht deine Enttäuschung und deinen Schmerz.

Solange er noch wehtut, fällt es dir vielleicht schwer zu glauben, dass du dich von deinem Verlust erholen wirst. Aber Gott möchte dich heute wissen lassen, dass er dir noch etwas viel Besseres geben kann als das, was du verloren hast.

Es gibt ein Wiedergutmachungsprinzip im Alten Testament, das Folgendes besagt: Jeder, der etwas gestohlen hat, muss den vollen Wert erstatten – plus ein Fünftel obendrauf (siehe 3. Mose 5,23–24).

Mit anderen Worten, die beraubte Person bekommt rund 120 Prozent von dem zurück, was ihr genommen wurde. Hör dir das an: Sie gingen aus ihrem Verlust als *Gewinner* hervor. Man würde erwarten, dass alles, was repariert oder wiederhergestellt wird, nie so gut sein kann wie das Original, aber hey, wenn Gott etwas wiederherstellt, dann mit Stil.

Ob es verschwendete Zeit oder scheinbar unumkehrbare Fehlentscheidungen sind, Gott sichert dir heute Folgendes zu:

»Denkt nicht mehr daran, was war, und grübelt nicht mehr über das Vergangene. Seht hin; ich mache etwas Neues; schon keimt es auf. Seht ihr es nicht? Ich bahne einen Weg durch die Wüste und lasse Flüsse in der Einöde entstehen« (Jesaja 43,18–19).

Auch wenn du einen Fehler begangen und dadurch den Verlust selbst verursacht hast, kannst du *dennoch* auf den Herrn zählen, denn in Wahrheit sind alle seine Segnungen in unserem Leben unverdient und wurden durch seinen Tod am Kreuz bezahlt. Tatsächlich ist das vollbrachte Werk Jesu der Kanal, durch den Gott uns mit jedem Segen beschenkt (siehe Epheser 1,3).

Was Gott angeht, muss dein Verlust kein Verlust bleiben; vielmehr ist er die *beste Voraussetzung*, um seine überwältigende Wiederherstellung zu erleben! Du kannst dir heute beim Herrn den Kummer über deinen Verlust von der Seele reden, und dann lässt du ihn seinen Wiederherstellungsprozess in Gang setzen.

»Denkt nicht mehr daran, was war, und grübelt nicht mehr über das Vergangene. Seht hin: ich mache etwas Neues: schon keimt es auf. Seht ihr es nicht? Ich bahne einen Weg durch die Wüste und lasse Flüsse in der Einöde entstehen.«

JESAJA 43,18–19

13 AUCH DEINE DUNKELSTEN GEHEIMNISSE BRINGEN GOTT NICHT AUS DER FASSUNG

»Niemand würde mich lieben, wenn er wüsste, wie ich ***wirklich*** *bin.«*

Ist dir dieser Gedanke schon mal durch den Kopf gegangen? Vielleicht gibt es etwas in deiner Vergangenheit (oder Gegenwart), für das du dich schämst. Oder vielleicht gibt es hässliche Seiten an deiner Persönlichkeit, die du zu verbergen versuchst.

Es kann, ehrlich gesagt, sehr einsam machen, wenn man glaubt, dass man nie gefahrlos sein wahres Ich zeigen kann. Aber es gibt Einen, bei dem du *ganz* du selbst sein kannst – gemein, egoistisch, unvollkommen und so weiter –, und er wird noch nicht mal mit der Wimper zucken. Warum? Weil der Herr bereits genau weiß, wie du bist, und er sich trotzdem entschlossen hat, dich bedingungslos zu lieben und anzunehmen.

Erinnerst du dich an die samaritische Frau, über die wir vor vier Tagen gesprochen haben? Die Umstände ihres Lebens waren düster und zugegebenermaßen kaum ein Geheimnis. Die ganze Stadt wusste, dass sie fünf Ehemänner gehabt hatte und nun mit einem Mann zusammenlebte, mit dem sie nicht verheiratet war.

Diese Frau lebte buchstäblich einige unserer schlimmsten Ängste aus und war sich schmerzlich bewusst, dass niemand sie liebte, denn ihre schmutzige Wäsche war für alle sichtbar.

Aber der Herr liebte sie **trotzdem**.

Er lobte sie für ihre Ehrlichkeit (obwohl es dabei um ihre skandalösen Lebensumstände ging). Und er offenbarte sich ihr gegenüber sogar als Messias – ein Privileg, das Jesus in seiner Zeit auf Erden nur einer knappen Handvoll von Leuten gewährte (siehe Johannes 4,17–18.26).

In diesem einen Gespräch zeigte Jesus dieser gebrochenen Frau, dass er alles über sie wusste und sie immer noch liebte. In diesem Moment der Liebe fand sie die Kraft, die Scham über ihre Vergangenheit abzulegen und sogar den Leuten von Jesus zu erzählen, denen sie die meiste Zeit aus dem Weg gegangen war.

Lass dich nicht von den dunklen und abstoßenden Abschnitten deines Lebens hinter die Gitter von Scham und Einsamkeit bringen. **Der Herr sagt heute zu dir: »Ich liebe dich in deinen schlimmsten Zeiten, und ich werde *auch* deine Stärke sein, damit du deine besten Zeiten erleben kannst.«**

Du fürchtest vielleicht, dass andere dir den Rücken kehren, wenn sie deine schlimmste Seite gesehen haben. Aber selbst deine dunkelsten Geheimnisse werden Gott nie von seinem Thron fallen lassen. Wenn du deine Dunkelheit seinem Licht aussetzt, verliert sie ihre Macht über dich. Der Gott des Universums höchstpersönlich kennt dich bereits in- und auswendig – und liebt dich von ganzem Herzen.

Das Licht scheint in der Dunkelheit, und die Dunkelheit konnte es nicht auslöschen.

JOHANNES 1,5

14 ~~SELBST-~~ CHRISTUS-BEWUSSTSEIN

Das hier ist für dich geschrieben, wenn du deine Zeit schon mal damit verbracht hast, deine Fehler unter die Lupe zu nehmen und dich dabei deprimieren zu lassen. Es ist auch für dich, wenn du über nichts anderes nachdenken kannst als über deine neuesten Erfolge (und dich dann schuldig fühlst, weil du die Meinung bestätigt hast, dass Millennials die ichbezogenste Generation aller Zeiten sind).

Ob Stolz (»*Ich kann alles*«) oder Minderwertigkeitsgefühl (»*Ich bin einfach nicht gut genug*«), beides zeigt, dass wir mit uns selbst beschäftigt sind. Aber Jesus sagt, dass er etwas Besseres hat – wir können uns stattdessen mit *ihm* beschäftigen.

Als wir ihn als unseren Retter annahmen, nahmen wir auch seine neue Identität an. Um es mit den tiefsinnigen Worten des Apostels Paulus zu sagen: »Ich lebe, aber nicht mehr ich selbst, sondern Christus lebt in mir. Ich lebe also mein Leben in diesem irdischen Körper im Glauben an den Sohn Gottes, der mich geliebt und sich selbst für mich geopfert hat« (Galater 2,20).

Ich lebe, aber nicht mehr ich selbst, sondern **Christus lebt in mir**.

Was aber bedeutet es, *in* Christus zu leben? Es bedeutet, dass dein Wert heute nicht an deinen Auszeichnungen oder Titeln oder an dem Geld auf deinem Bankkonto gemessen wird, sondern daran, wer Christus *ist*, der jetzt in diesem Moment im Himmel ist. Denn in 1. Johannes 4,17 (LUT) heißt es: »Wie er ist, so sind auch wir in dieser Welt.«

In diesen Worten steckt so viel Freiheit – zu erkennen, dass deine Identität vollständig in Jesus ist, und dass du so bist wie er. Das tröstet uns an den Tagen, an denen wir das Gefühl haben, auf ganzer Linie zu versagen, und es hält uns bescheiden, wenn wir versucht sind zu denken, dass wir die *Oberchecker* sind und es voll drauf haben.

Und kannst du glauben, dass der Geist des Herrn uns *ihm ähnlicher macht*, wenn wir einfach seine Schönheit in seinem Wort betrachten (siehe 2. Korinther 3,18)? Wenn wir Jesus in der Bibel kennenlernen, werden die Mängel, die wir an uns selbst sehen – sei es unsere Unsicherheit oder unser Stolz – uns immer weniger im Weg stehen, da sein Geist uns ihm ähnlicher werden lässt.

Die Welt verweist dich vielleicht auf Vorbilder, Selbsthilfe-Ratgeber und Motivationsredner, und obwohl all das hilfreich *ist*, bist doch immer wieder du derjenige, der die Pflicht hat, sich zu verändern. Das mag jetzt widersprüchlich klingen,

aber letztendlich wirst du dann mehr zu der Person, die du sein willst, wenn du von dir selbst weg und hin zum Herrn schaust!

Ich lebe, aber nicht mehr ich selbst, sondern Christus lebt in mir.

GALATER 2,20

WOCHE 2

SELAH

(Pause machen / reflektieren / proklamieren)

Für die Aufgaben in dieser Woche ist das *Gesprächskarten*-Set erforderlich, das du kostenlos unter ***verankert.josephprince.de*** herunterladen kannst. Oder du scannst den QR-Code, um auf den Download zuzugreifen.

Pause machen

Wähle eine Karte mit einem Bild aus dem *Gesprächskarten*-Set, das deine derzeitige Beziehung mit Gott gefühlt am besten darstellt.

Reflektieren

Notiere oder zeichne auf der nächsten Seite, warum du dieses spezielle Bild ausgewählt hast, und rede mit deiner Gruppe darüber.

Proklamieren

Proklamiere die Wahrheit der Verheißungen Gottes über dein Leben (siehe Seite 79).

Beten

Nehmt euch als Gruppe einen Moment Zeit, um füreinander zu beten.

- Betet, dass ihr euch der innigen persönlichen Beziehung bewusst werdet, die ihr als Christen mit Gott habt, und
- die Gewissheit bekommt, dass Gott nicht weit weg, sondern immer ganz nah bei euch ist, auch wenn es sich vielleicht gerade nicht so anfühlt.

REFLEKTIEREN

DU BIST KOSTBAR IN GOTTES AUGEN

Lieber Gott, danke, dass Einsamkeit nicht das beherrschende Thema in diesem Lebensabschnitt sein wird. Du bist einsam gestorben, damit ich nie einsam sein werde (siehe Psalm 88,19). Du kanntest mich, bevor ich überhaupt geboren wurde, und du warst da, als ich im Bauch meiner Mutter gestaltet wurde, schon bevor ich überhaupt einen Namen hatte (siehe Psalm 139,15–16). Ich bin so wertvoll für dich, dass du das Beste vom Himmel für mich geopfert hast, damit ich den Himmel auf Erden haben kann. Dich bringen meine Schwächen nie aus der Ruhe, aber du liebst es, wenn ich dir meine Probleme bringe (siehe Psalm 22,22–24). Danke, dass du mich bedingungslos liebst – so wie ich bin und genau da, wo ich stehe. In Jesu Namen, amen.

NOTIZEN

WOCHE 3

15 ~~CONNECTIONS~~ ~~INTELLIGENZ~~ ~~AUSSEHEN~~ ~~GELD~~ DER HERR BRINGT DICH WEITER

Wir leben in einer Welt, die uns jeden Tag mit Erinnerungen daran bombardiert, dass wir nicht genug haben. Uns wird von all den Menschen erzählt, die wir kennen müssen, von Büchern, die wir lesen müssen, und von Dingen, die wir *unbedingt* haben müssen, um »erfolgreich« zu sein.

Klar macht es stolz, wenn man seinen Weg zum Erfolg mit den eigenen Händen gestaltet. Aber was ist, wenn deine Hände zu klein und zu schwach sind, um den gewünschten Erfolg zu erzielen? Und was ist, wenn du immer noch nicht weißt, was du *wirklich* willst?

Glücklicherweise weiß der Herr bereits, was du lieben wirst, noch bevor du es herausfindest (falls überhaupt!). In

Psalm 139,16 lesen wir: »Jeder Tag meines Lebens war in deinem Buch geschrieben. Jeder Augenblick stand fest, noch bevor der erste Tag begann.«

Und in Johannes 15,5 versichert uns Jesus, dass er der Weinstock ist (der die Früchte des Erfolgs in unserem Leben hervorbringt) und wir die Reben sind. Er sagt: »Wer in mir bleibt und ich in ihm, wird viel Frucht bringen. Denn getrennt von mir könnt ihr nichts tun.«

Du denkst vielleicht: »Das ist nicht wahr … Es gibt einige Dinge, die ich allein tun kann. Und ist die Welt nicht voll von Menschen, die ohne Christus etwas erreichen?«

Oberflächlich betrachtet ja. Aber es ist eine Tatsache, dass der Erfolg, den wir durch die Arbeit unserer Hände erzielen, auch ein Erfolg sein wird, den wir durch schweißtreibende Arbeit aufrechterhalten müssen.

Aber was ist mit Erfolg, der von Gott kommt – davon, dass wir seine Gunst empfangen und als Reben, die in den Weinstock des Meisters eingepfropft sind, unsere Nahrung von ihm erhalten?

Nun, das ist etwas, das wir allein nicht erreichen können. Um das, was *wir* aufbauen, müssen wir uns kümmern. Um das, was *Gott* gibt, kümmert er sich. Und nur mit ihm können wir etwas tun, was in die Ewigkeit hinein wirkt.

Ist es also nicht sehr erleichternd zu wissen, dass man sich nicht hektisch die Leiter des Erfolgs hochkämpfen muss?

Gott kann dir die beste Version von Erfolg schenken – perfekt auf dich zugeschnitten. Und er wird dich mit allem ausstatten, was du brauchst, um ihn auch zu leben.

»Denkt an den Herrn, euren Gott. Er ist derjenige, der euch die Kraft gibt, erfolgreich zu sein.«

5. MOSE 8,18 NLT

16 GOTT MACHT DEIN SCHLECHTES GUT UND DEIN GUTES GROSSARTIG

Gestern haben wir gesehen, wie der Herr in der Bibel als der Weinstock bezeichnet wird und wir Gläubige als die Reben, die von ihm Nahrung erhalten.

Heute werden wir uns in diesem Zusammenhang einen weiteren Vers ansehen, der uns zeigt, wie liebevoll Gott mit unseren Schwächen umgeht *und* wie er das, was an unserem Leben schon gut ist, auf ein neues Level bringt. In Johannes 15,2 (SLT) redet Jesus davon:

»Jede Rebe an mir, die keine Frucht bringt, **nimmt** er **weg**; jede aber, die Frucht bringt, **reinigt** er, damit sie mehr Frucht bringt.«

Wegnehmen. Reinigen.

Klingt beängstigend, oder?

Aber wir haben hier etwas gewaltig missverstanden.

Wusstest du, dass das Wort »wegnehmen« im griechischen Grundtext *airo* ist, was »hochheben« bedeutet? Gott spricht nicht davon, dich nach Hause in den Himmel zu bringen, wie manche Leute früher geglaubt haben. Sondern in den Momenten, in denen du am Boden bist, wenn du versagt hast, deprimiert bist oder dich zu schwach fühlst, um weiterzumachen, *hebt* er *dich hoch* … genau wie der Gärtner einzelne Ranken der Weinrebe, die in den Staub gefallen sind, wieder ans Spalier bindet.

Dieses Spalier ist manchmal wie ein Kreuz geformt, und es ist, als würde Gott sagen: »Du warst nie dazu bestimmt, getrennt von mir und meinem größten Ausdruck der Liebe zu dir zu leben. Komm nach Hause.«

Wunderschön, oder? Aber was ist mit dem Reinigen jener Reben, die Frucht bringen?

Dieses Wort ruft Bilder eines Gärtners hervor, der Äste zurückschneidet (und sofort denkt man dabei auch an schmerzhafte Erziehungsmaßnahmen), aber wusstest du, dass die Gärtner zu Jesu Zeiten eine ganz andere Vorstellung von der Rebpflege hatten?

Für sie bedeutete das Reinigen, **Wasser auf die Reben zu gießen**, um sie von Schädlingen und Insekten zu befreien, sodass nichts die Reben daran hindern würde, Frucht zu tragen. Heute geschieht dieses Waschen, wenn wir uns Predigten anhören, die voll mit Gnade sind. Dadurch werden die Ablagerungen von

Abgestumpftheit, Bitterkeit und sogar Stolz aus unseren Herzen gespült, damit wir in unserem Leben mehr Frucht tragen können.

Puh! Das muss man erst mal auf sich wirken lassen, oder? (Wer hätte gedacht, dass die antike Gartenkultur uns so #flashen könnte?) Aber genau so, mein Freund, **macht Gott das Schlechte in deinem Leben gut und das Gute in deinem Leben großartig**. Sieh nur, wie liebevoll er heute den Garten deines Lebens pflegt!

Dann wird dich der Herr beständig leiten … Er wird deinen Körper erfrischen, sodass du einem soeben bewässerten Garten gleichst und bist wie eine nie versiegende Quelle.

JESAJA 58,11

17 WIE WÜRDEST DU HEUTE LEBEN, WENN DU WÜSSTEST, WAS MORGEN PASSIERT?

Hast du über manche der Leute in der Bibel schon ab und zu ungläubig den Kopf geschüttelt?

Nimm zum Beispiel die Israeliten, die Gott vor ihren grausamen ägyptischen Sklaventreibern gerettet hat. Er teilte sogar das Rote Meer, damit sie trockenen Fußes hindurchgehen konnten. Aber nach allem, was Gott für sie getan hatte, »verschmähten sie das herrliche Land, **weil sie der Zusage Gottes misstrauten**; sie meuterten in ihren Zelten und wollten dem Herrn nicht mehr gehorchen« (Psalm 106,24 GNB).

Und dann waren da noch die Jünger, die sich vor Angst fast in die Hose machten, als Jesus ihnen nach seiner Auferstehung in dem Raum erschien, in dem sie sich zum Abendmahl versammelt hatten (siehe Lukas 24,37) – Jesus hatte doch *bereits gesagt*, dass er von den Toten auferweckt werden würde, oder etwa nicht?

Klar können wir ganz easy durch unsere Bibeln blättern und diese Personen im (nicht so) Stillen wegen ihres fehlenden Glaubens verurteilen. Schließlich hat Jesus niemanden enttäuscht, der auf ihn vertraute, nicht ein einziges Mal. Sogar Beerdigungen wurden zu Festen, wenn er auftauchte.

Doch warum sind dann unsere Reaktionen, wenn wir heute im eigenen Leben auf Herausforderungen stoßen, gar nicht so weit von denen der biblischen Personen entfernt, über die wir die Augen verdrehen?

Wenn du wüsstest, dass jenseits deines Mangels und der an dich gestellten Forderungen Gottes Güte und Versorgung auf dich warten, würdest du dich dann heute immer noch darum sorgen, was morgen passiert?

Tatsächlich *hat* Jesus uns gesagt, was passieren wird: »Ich habe euch das alles gesagt, damit ihr in mir Frieden habt. Hier auf der Erde werdet ihr viel Schweres erleben. Aber habt Mut, denn ich habe die Welt überwunden« (Johannes 16,33).

Jesus hat zwar nie versprochen, dass es in diesem Leben keine Herausforderungen geben würde, aber er hat uns Mut gemacht und gesagt, dass er sie unter Kontrolle hat.

Er hat niemanden enttäuscht, von dem die Bibel erzählt, und du wirst nicht der Erste seit zwei Jahrtausenden sein, den er hängen lässt. **Der Herr hat das hier im Griff. Und morgen wird auch alles gut werden.**

Die Gnade des Herrn nimmt kein Ende! Sein Erbarmen hört nie auf, jeden Morgen ist es neu.

KLAGELIEDER 3,23

18 WER HAT IN DEINEM LEBEN ETWAS ZU SAGEN?

Es liegt in unserer menschlichen Natur, dass wir von anderen akzeptiert werden wollen. Niemand wacht morgens auf und beschließt, dass er doch lieber abgelehnt werden will. Aber unser Streben nach Anerkennung – gemocht werden oder zur Clique der Angesagten gehören zu wollen – kann das Leben manchmal wirklich zur Qual machen.

Es gibt da nämlich ein Problem: Wenn du deinen Wert an den Meinungen anderer festmachst, wird deine Zufriedenheit weitgehend davon bestimmt, was sie von dir halten. An dem einen Tag lässt ihr Lob dein Herz vor lauter Freude schneller schlagen, und am nächsten Tag kann ein unterkühltes »Hallo« deine Welt zum Einsturz bringen.

Würdest du gern das Geheimnis kennen, wie du ein gesundes Verhältnis zu den Meinungen anderer Menschen entwickeln kannst?

Es ist in Epheser 1,6 (SLT) zu finden: »zum Lob der Herrlichkeit seiner Gnade, mit der er uns begnadigt hat in dem Geliebten«. Mit dem »Geliebten« hier ist Jesus gemeint, und Gott begnadigt dich in ihm (das heißt, er nimmt dich an), sobald Jesus dein Herr und Retter geworden ist.

Fällt dir auf, dass Gott hier die Bezeichnung »Geliebter« wählt, anstatt nur »Jesus« zu sagen? Er sagt dir, dass er dich liebt, *so wie er Jesus liebt.* Bedingungslos. Ewig. Er ist Gottes Sohn und auch du bist Gottes Kind.

Das ursprüngliche griechische Wort für »begnadigt« ist *charitoo*, was so viel bedeutet wie **höchst begünstigt**. Nimm dir einen Moment Zeit, um das noch einmal zu lesen: Gott begünstigt dich aufs Höchste! Und wie wir bereits in den vergangenen Tagen gelesen haben, liegt das alles an dem kostbaren vollbrachten Werk Jesu.

Da er gestern, heute und für immer derselbe ist, wird sich auch sein gutes Bild von dir nicht ändern. Es ist nicht so, dass die Meinungen anderer keine Rolle spielen – schließlich sagte Gott, dass es sich mit vielen Ratgebern sicher lebt (siehe Sprüche 11,14). Aber es bedeutet, dass dein Leben keine emotionale Achterbahn sein muss, die durch das Lob oder die Kritik anderer bestimmt wird.

Denn letztendlich ist es so: *Wenn* einer in deinem Leben etwas zu sagen hat, dann sollte es Jesus sein, denn er ist der Einzige, der für dich mit nageldurchbohrten Händen und Füßen an diesem einsamen Kreuz geblutet hat und gestorben ist. Du hast bereits die Anerkennung des Einzigen, dessen Meinung wirklich zählt.

Lass die Stimme des Herrn (diejenige, die dir sagt, wie geliebt und angenommen du bist) heute die lauteste in deinem Leben sein.

Die Angst
vor der Meinung der
Menschen lähmt;
das Vertrauen in Gott
schützt dich davor.

SPRÜCHE 29,25 MSG

19 DER ZUVERLÄSSIGSTE KOMPASS FÜR DEIN LEBEN

»Treffe ich gerade die besten Entscheidungen für mein Leben?«

»Woher weiß ich, ob es von Gott kommt … oder nur das ist, was ich fühle?«

Hast du dir diese Fragen schon mal stellen müssen und dir dabei überlegt, wie du die richtigen Antworten findest? Glücklicherweise hat Gott uns das Geheimrezept hinterlassen, wie man bessere Entscheidungen trifft – und zu finden ist es in seinem Wort.

In Hebräer 4,12 (EÜ) heißt es: »Denn lebendig ist das Wort Gottes, wirksam und schärfer als jedes zweischneidige Schwert; es dringt durch bis zur Scheidung von Seele und Geist, von Gelenken und Mark; es richtet über die Regungen und Gedanken des Herzens.«

Überleg mal, die Bibel ist das *einzige* physische Objekt, das Gott uns auf der Erde hinterlassen hat. Und hier sagt Gott, dass sie eine mächtige Waffe ist, die das, was aus unseren irdischen, selbstsüchtigen Wünschen geboren wird, von dem trennen kann, was sein Geist uns zuruft.

Wenn wir aber ehrlich sind, sehen wir die Bibel meist als letzte Option und nicht als erste Anlaufstelle, wenn wir Antworten auf die Fragen unseres Lebens suchen.

Aber die Bibel ist *lebendig und wirksam.* Und einen super Einstieg, um in den Genuss ihrer Vorzüge zu kommen, bietet das Buch der Sprüche, geschrieben von König Salomo, dem weisesten (und immer noch reichsten) Mann, der je gelebt hat. Es heißt, dass ihm Weisheit und überaus großes Verständnis **von Gott gegeben wurden** (siehe 1. Könige 5,9). Könige kamen von weit her, um seine Weisheit zu hören, aber der Herr hat sie für uns in den Sprüchen in 31 Kapiteln zusammengefasst – eines für jeden Tag des Monats!

Du kannst darin lesen, bevor du in den Tag startest, und vielleicht fällt dir beim Lesen ein bestimmter Vers (oder mehrere) ganz besonders auf. Die Bibel ist ein umfangreiches Buch mit insgesamt 31.102 Versen (wow!). Aber Gott verlangt nicht, dass du sie dir alle merkst, damit er zu dir sprechen kann. Verbringe einfach regelmäßig Zeit in seinem Wort und er wird dafür sorgen, dass dir Worte und Verse ins Auge springen, die dir für deine persönliche Situation Weisheit geben. Nimmst du das Buch allerdings nie in die Hand, hat er gar nicht die Chance, dir durch sein Wort etwas zu sagen!

Anstatt also Gottes Wort als letzte Option zu betrachten – willst du es heute nicht lieber zur ersten Wahl machen, wenn du einen Kompass für dein Leben brauchst?

»Ich will dir Verständnis geben und den Weg weisen, den du gehen sollst. Ich will dich beraten – mein Auge ruht auf dir.«

PSALM 32,8

20

»WEISST DU, DEIN VATER LIEBT DICH!«

Für manche Leute ist diese Aussage beruhigend und stärkend. Aber für viele kann dies eine schwierige, schmerzvolle oder überhaupt nicht nachvollziehbare Aussage sein, weil sie mit einem Vater aufgewachsen sind, der physisch oder emotional abwesend war. Vielleicht trifft das ja auch auf dich zu.

Wie wir über unseren eigenen Vater denken – ob wir ihn als den schlimmsten ansehen, den man haben kann, oder als das beste Vorbild, das man sich wünschen kann –, beeinflusst unweigerlich, wie wir über Gott denken, wenn wir uns ihn als … Papa vorstellen.

Dürfen wir dir heute die Version eines Vaters vorstellen, die zeigt, wie Gott von dir gesehen werden möchte?

Wenn du als Kind des allerhöchsten Gottes heute »Abba!« (Hebräisch für Papa) oder »Vater!« rufst, antwortet dir ein liebevoller Vater, …

- der dir entgegenläuft und dich in deinem ganzen Chaos umarmt – selbst dann, wenn du derjenige warst, der von ihm weggegangen ist (siehe Lukas 15,20.22–24).

- der dich so gut kennt, dass er weiß, was du brauchst, bevor du überhaupt darum bitten kannst (siehe Matthäus 6,8).
- der dich wertschätzt und für deine praktischen Bedürfnisse sorgt (siehe Matthäus 6,26.31–33).
- der dir Gutes schenkt (siehe Matthäus 7,11).
- der dein Herz von Furcht befreit (siehe Römer 8,15).

All dies und noch mehr ist heute dein Erbe, weil vor 2000 Jahren unser Herr Jesus an dem einsamen Kreuz auf Golgatha gerufen hat: »Mein Gott, mein Gott, warum hast du mich verlassen?«

An diesem Kreuz hängend sprach Jesus zum ersten Mal seinen Vater als »Gott« an. Gott musste seine heiligen Augen von seinem eigenen Sohn abwenden, während Jesus das Urteil für alle unsere Sünden trug. Obwohl es Gott als Vater das Herz gebrochen haben muss, tat er es, um uns mit sich zu versöhnen. Und da nun unsere Sünden nicht mehr im Weg standen, konnten wir seine Söhne und Töchter werden (siehe 2. Korinther 5,18–19; 6,18).

Wenn also die Vaterfiguren, die du in deinem Leben hattest, eher enttäuschend als inspirierend waren, willst du dann Gott nicht erlauben, dir ein neues Bild in dein Herz zu malen, das zeigt, wie ein Vater in Wirklichkeit sein sollte?

Bist du bereit, Gott heute als einen liebenden, aufmerksamen, großzügigen Vater kennenzulernen, der es genießt, dir – seinem geliebten Kind – nahe zu sein?

Denn der Geist Gottes, den ihr empfangen habt, führt euch nicht in eine neue Sklaverei, in der ihr wieder Angst haben müsstet. Er hat euch vielmehr zu Gottes Söhnen und Töchtern gemacht. Jetzt können wir zu Gott kommen und zu ihm sagen: »Abba, lieber Vater!«

RÖMER 8,15 HFA

21 WENN ES NOCH NICHT GUT IST, IST ES NOCH NICHT ZU ENDE

Möchtest du sehen, wo Gottes eigenes Wort diese Pinterest-würdige Aussage bestätigt?

Gestern haben wir gesehen, was es bedeutet, Gott zum himmlischen Vater zu haben. Heute werden wir uns auf das konzentrieren, was möglicherweise dein wertvollstes Erbe in ihm ist – und zwar, dass er jedes Detail in deinem Leben zu etwas Gutem verarbeitet.

In Epheser 1,11 (HFA) heißt es: »Weil wir nun zu Christus gehören, **hat Gott uns als seine Erben eingesetzt**; so entsprach es von Anfang an seinem Willen. **Und was Gott einmal beschlossen hat, das führt er auch aus**.«

Und so wirkt sich das in unserem Leben als Christen aus:

»Wir wissen aber, dass denen, die Gott lieben, alle Dinge zum Besten dienen, denen, die nach dem Vorsatz berufen sind« (Römer 8,28 SLT).

Mit anderen Worten, Gott sagt, dass er die guten, die schlechten, die hässlichen und sogar die frustrierenden Dinge in deinem Leben zu etwas Schönem machen wird. Wenn du heute mit Zitronen beworfen wurdest, wird er sie *definitiv* zu Limonade verarbeiten.

Vielleicht denkst du: *Aber in Römer 8,28 steht doch »denen, die Gott lieben«* und fragst dich: *Was, wenn mir nicht immer danach ist, ihn zu lieben?*

Ja, die Wahrheit ist, dass wir als fehlbare Menschen in unserer Liebe zum Herrn immer schwankend sein werden. Aber es gibt eine geniale Wahrheit, was die Liebe zum Herrn betrifft. Zu finden ist sie in 1. Johannes 4,19: »Wir lieben ihn, **weil er uns zuerst geliebt hat**.«

Der Herr verlangt also nicht, dass wir ihn zuerst vollkommen lieben, bevor er alle Dinge in unserem Leben nimmt und zu etwas Gutem macht, sondern er lädt uns ein, heute mehr von seiner vollkommenen Liebe zu uns zu *empfangen* und dann ihn (und andere!) mit dieser Liebe zu lieben.

Und falls du null Ahnung hast, was es bedeutet, nach Gottes Vorsatz berufen zu sein, so wie es in Römer 8,28 steht, dann merk dir einfach Folgendes: Sobald du an ihn glaubst, *bist* du berufen. Denn in Römer 8,29 steht, dass Gott im Voraus *wusste*, wer zu **seinem Volk** gehören würde, und diese Menschen nach seinem Willen dazu *bestimmt* hat, wie sein Sohn zu werden.

Deshalb lebe in der Gewissheit, **dass Gott jedes Detail deines Lebens zu etwas Schönem verarbeiten wird. Deine Geschichte ist erst zu Ende erzählt, wenn er alles *gut* gemacht hat.**

Wir können absolut sicher sein, dass jedes Detail in unserem Leben, das wir aus Liebe zu Gott führen, zu etwas Gutem verarbeitet wird.

RÖMER 8,28 MSG

WOCHE 3

SELAH

(Pause machen / reflektieren / proklamieren)

Für die Aufgaben in dieser Woche ist das *Ermutigungskarten*-Set erforderlich, das du kostenlos unter *verankert.josephprince.de* herunterladen kannst. Oder du scannst den QR-Code, um auf den Download zuzugreifen.

Pause machen

Benutze das *Ermutigungskarten*-Set:

1. Wähle einen Umschlag mit der Kategorie, die am besten zu dem passt, was dir in den letzten Wochen am meisten Sorgen gemacht hat (z. B. Arbeit, Gesundheit, Finanzen).
2. Suche dann aus dem Umschlag den Vers heraus, der dich in deiner Situation besonders anspricht.

Reflektieren

Notiere oder zeichne auf der nächsten Seite, warum du diesen speziellen Vers ausgewählt hast, und rede mit deiner Gruppe darüber.

Proklamieren

Proklamiere die Wahrheit der Verheißungen Gottes über dein Leben (siehe Seite 115).

Beten

Nehmt euch als Gruppe einen Moment Zeit, um füreinander zu beten.

- Betet, dass euer Vertrauen gestärkt wird, dass Gott das letzte Wort in eurer Situation hat, und
- dass ihr euer Leben fest in dem Fundament von Gottes Wort verankert leben werdet.

REFLEKTIEREN

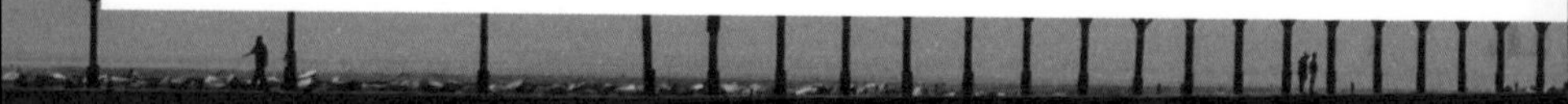

DEIN WORT IST DER ANKER FÜR MEINE REALITÄT

Lieber Gott, danke, dass die Wahrheit deines Wortes mächtiger ist als das, was in meiner Realität wahr erscheinen mag. Danke, dass dein Wort lebendig und wirksam ist und mir die Klarheit verschafft, die ich brauche, um meine Welt fest zu verankern (siehe Hebräer 4,12). Danke, dass du der zuverlässigste Kompass für meinen Lebensweg bist (siehe Psalm 32,8). Obwohl nicht alles, was geschieht, gut sein mag, halte ich trotzdem an deiner Zusage fest, dass alle Dinge zu meinem Besten dienen werden (siehe Römer 8,28). In Jesu Namen, amen.

NOTIZEN

WOCHE 4

22 BIST DU AM GEWICHT DER SCHAM VERANKERT?

Scham kennt jeder. Mal sind es die Gewissensbisse, wenn unsere Augen zu Dingen wandern, die wir nicht ansehen sollten. Mal ist es die drückende Last der Scham wegen etwas in unserer Vergangenheit, weshalb wir uns wünschen, bestimmte Abschnitte unseres Lebens für immer auslöschen zu können.

Aber unser menschliches Gewissen ist unerbittlich. Wir können nur versuchen, es zu unterdrücken oder zu ignorieren.

Der Herr will, dass du heute das Gespenst der Scham, das dich bisher verfolgt hat, loswirst. Nur so kannst du das besiegen, was ihr zugrunde liegt – Versagen, schlechte Angewohnheiten oder Vorfälle aus der Vergangenheit.

»Und *wie genau* soll das gehen?«, fragst du vielleicht.

Schauen wir uns die Geschichte einer Frau aus der Zeit Jesu an. Sie wurde beschämenderweise beim Ehebruch erwischt, einer Straftat, die nach geltendem Recht mit dem Tod durch Steinigung zu ahnden war. Die religiösen Führer zerrten sie in die Tempelanlage, wo Jesus sich gerade aufhielt. Nachdem sie das Gesetz zitiert hatten, fragten sie ihn: »Sollen wir diese Frau steinigen oder nicht?«

Die Antwort von Jesus war absolut brillant: »Wer von euch noch nie gesündigt hat, soll den ersten Stein auf sie werfen!« (Johannes 8,6–8 NEÜ). Und die religiösen Führer ließen einer nach dem anderen ihre Steine fallen und gingen weg.

Jesus wies die Frau dann freundlich darauf hin, dass all ihre Ankläger weg waren. Welche Worte gab er ihr mit auf den Weg? »Auch ich verurteile dich nicht. Geh hin und sündige von jetzt an nicht mehr!« (Johannes 8,11 ELB).

Beachte bei dem, was Jesus sagte, die Reihenfolge. Zuerst schenkte er der Frau Freiheit von der Last ihrer Scham, indem er ihr zusprach: »Auch ich verurteile dich nicht.« *Erst dann* sagte er ihr, sie solle nicht mehr sündigen. Er wusste, dass sie von dem peinigenden Schuldgefühl befreit werden musste, bevor sie ihren sündigen Lebensstil aufgeben konnte.

Und das geschah nicht deshalb, weil Jesus an jenem Tag beschloss, bei Sünde ein Auge zuzudrücken. Er *wusste* vielmehr, dass er durch seinen Tod am Kreuz das Urteil tragen würde, das diese Frau für ihre Sünde verdiente (und auch wir für unsere Sünden).

Und durch das Blut, das Jesus für uns vergossen hat, wurden alle unsere Sünden vergeben, entsprechend dem Reichtum seiner Gnade (siehe Epheser 1,7). Das Erstaunliche ist, dass wir, wenn wir seine Vergebung und Gnade empfangen, nicht mehr sündigen wollen – ganz im Gegenteil: Die Sünde verliert ihre Herrschaft in unserem Leben (siehe Römer 6,14)!

Wirst du also ab heute die ewige Vergebung annehmen, die das vollbrachte Werk Jesu dir gebracht hat? **Wirst du das Gewicht der Scham, die Jesus an deiner Stelle getragen hat, abwerfen und den Schritt hinein in den Sieg über deine Fehler und Misserfolge machen?**

Jetzt also gibt es keine Verurteilung mehr für die, welche in Christus Jesus sind.

RÖMER 8,1 EÜ

23 GESÜNDESTE #MEALPREP ALLER ZEITEN

Gesund und fit zu sein, ist heute eine immer kompliziertere Angelegenheit. Wenn du angesichts der Riesenauswahl widersprüchlicher Ernährungspläne und Trainingsprogramme manchmal den Drang hast, verzweifelt die Hände über dem Kopf zusammenzuschlagen, dann geht es nicht nur dir so.

Doch statt jedem neuen Fitness-Hype hinterherzulaufen, kannst du dich an Gottes garantiertem Weg zu Gesundheit verankern lassen.

Wusstest du, dass Jesus eine Mahlzeit für uns hat, die uns an ihn erinnern soll? Es ist das Abendmahl, mit dem wir an den größten Ausdruck seiner Liebe denken – seinen Tod am Kreuz. Wann immer wir es zu uns nehmen, feiern wir nicht nur die göttliche Gesundheit Jesu, sondern auch die Vergebung für jeden unserer Fehler und jedes Versagen, sowie alle anderen Segnungen, die uns durch sein vollbrachtes Werk gehören.

In 1. Korinther 11,23–25 heißt es:

In der Nacht, als er verraten wurde, nahm Jesus, der Herr, einen Laib Brot, und nachdem er Dank gesagt hatte, brach er ihn und sprach: »Das ist mein Leib; euch ist er zugedacht. Tut das zur Erinnerung an mich.«

Ebenso nahm er nach dem Abendmahl den Weinkelch und sprach: »Dieser Kelch ist der neue Bund zwischen Gott und euch, besiegelt durch mein Blut. Wann immer ihr daraus trinkt, tut es zur Erinnerung an mich.«

Das Brot stellt Jesu Körper dar, der am Kreuz zerschlagen, zerfetzt und durchbohrt wurde, damit unser Körper gesund und heil sein darf. In Jesaja 53,5 steht, dass wir durch seine Striemen **geheilt sind** (die ihm von den Peitschen der römischen Soldaten zugefügt wurden, bis sein Rücken eine einzige klaffende Wunde war).

Und wann immer wir den Becher trinken, erinnern wir uns daran, dass Jesus sein sündloses Blut vergoss, um uns damit die absolute Vergebung aller Sünden zu bringen (siehe Kolosser 1,14). Jesus hat uns außerdem mit Gott versöhnt, was uns den vollen Zugang zu all seinen Segnungen gibt. Dazu gehören auch Gesundheit und Heilung!

Und deshalb, mein Freund, musst du dich von der Flut der Ernährungsoptionen in der Welt nicht erschlagen lassen. Obwohl es wichtig ist, gesund und gut zu essen, musst du nicht auf eine bestimmte Ernährung als Schlüssel zu einem gesunden Leben vertrauen, wenn doch **Gott bereits die ultimative Mahlzeit bereitet hat, durch die du seine göttliche Gesundheit genießen kannst!**

Er vergibt alle meine Sünden und heilt alle meine Krankheiten.

PSALM 103,3 NLT

24 GOTTES UNBEGRENZTE VERSORGUNG > UNSERE GEWALTIGEN BEDÜRFNISSE

Fühlst du dich manchmal so, als hättest du nicht genug? Nicht genug Zeit, Geld, Talent … und was da sonst noch so ist. Du hast das Gefühl, dass ständig einer was von dir will, und Tag für Tag erinnern dich Werbebotschaften an die Dinge, die du dir unbedingt wünschen solltest, weil du sie noch nicht hast.

Da kann man nach einem Blick auf den Kontostand oder in den Terminkalender schon mal jammern, dass es eng wird. Die Wahrheit lautet jedoch, dass Gott mehr als genug hat, um dich mit allem zu versorgen, was du brauchst.

Während Jesus auf der Erde war, vermehrte er einmal das Mittagessen eines kleinen Jungen, das aus fünf Broten und zwei

Fischen bestand, um damit eine Menge von *mehr als 5000 Menschen* zu speisen. Kannst du das toppen?

Tatsächlich ist es Jesus so ernst damit, uns mit allem zu versorgen, dass dies als *einziges* seiner Wunder in allen vier Evangelien erwähnt wird, in dem von Matthäus, Markus, Lukas und Johannes. Offensichtlich will er hier etwas ganz deutlich machen.

Doch obwohl Jesus der Herr der Wunder ist, betrachten viele von uns ihre Umstände eher nach praktischen Gesichtspunkten – wie Jesu Jünger Philippus, der zu Beginn der Geschichte nüchtern feststellte: »Selbst für zweihundert Denare (fast ein Jahreslohn!) würde man nicht genug Brot bekommen, um jedem auch nur ein kleines Stück zu geben.« Oder wie Andreas, der sagte: »Hier ist ein Junge, der hat fünf Gerstenbrote und zwei Fische. Aber was ist das schon für so viele Menschen?« (Johannes 6,7–9 NGÜ).

Durch unsere menschlichen Augen sehen wir nur die riesige Menge von Bedürfnissen und unsere Unfähigkeit, ihnen gerecht zu werden. Wir vergessen, dass da noch Jesus ist, der alles ist, was wir brauchen, und der darauf wartet, seine Versorgung über uns ausschütten zu können.

Schauen wir uns an, was Jesus bei dieser Gelegenheit tat: Er nahm die Brote und *dankte*. Kannst du dir vorstellen, dass der große Schöpfer für so wenig Danke sagt? Doch das tat er.

Und schon vermehrten sich die fünf Brote und die zwei Fische, bis alle Anwesenden so viel gegessen hatten, dass sie satt waren. **Dazu blieben noch 12 Körbe mit Resten übrig.**

So kann der Herr sich heute auch um deine Bedürfnisse kümmern. Du hast vielleicht das Gefühl, dass das, was du hast, nicht ausreicht, aber **wenn du das Wenige, das du hast, in seine Hände legst, und ihm für seine Fülle dankst, wirst du sehen, wie Jesus deine größten Bitten, Hoffnungen oder Träume bei Weitem übertreffen wird** (siehe Epheser 3,20)!

Aus seinem Reichtum hat er uns beschenkt, uns alle mit grenzenloser Güte überschüttet.

JOHANNES 1,16 GNB

C
C
E

25 SICHER BESCHÜTZT, EGAL, WO DU LEBST

Tödliche Schießereien. Immer mehr Gewaltverbrechen. Neue Virenstämme. Terroranschläge und Naturkatastrophen. In der Welt, in der wir heute leben, scheinen die Gefahren ja *überall* zu lauern.

Wenn dich Gedanken wie »*Werde ich der Nächste sein?*« quälen, oder wenn du dich mit allem abgefunden hast und jetzt denkst: »*Da kann man nichts machen. Ich akzeptiere wohl besser, dass es mich eines Tages auch erwischt*«, dann sollst du wissen: Gott hat für dich eine bessere Art von Leben.

Anstatt von Angst geplagt zu sein oder abzustumpfen, kannst du in Gottes Liebe und Schutz verankert leben. Besonders genial drückt das Psalm 91,2 (NLT) aus:

»Er allein ist meine Zuflucht, **mein sicherer Ort;** er ist mein Gott, und ich vertraue ihm.«

Lieber Freund, Sicherheit hat nichts mit deinem gegenwärtigen Standort zu tun. Sie ist **in der Gegenwart von Gott** zu finden, der dorthin geht, wo du hingehst. Er hat versprochen, dich nie zu verlassen oder aufzugeben, wie wir seit Tag 11 wissen. Und es gibt niemanden, der mächtiger ist als Gott, oder der dich mehr liebt als er. *Genau deshalb* kannst du auf seinen Schutz vertrauen.

Wie David schon über Gott schrieb:

»Er rettet dich aus versteckten Fallen, schützt dich vor tödlichen Gefahren. **Seine gewaltigen ausgestreckten Arme schützen dich – unter ihnen bist du vollkommen sicher; seine Arme wehren jedes Unheil ab**« (Psalm 91,3–4 MSG).

»Das habe ich aber anders erlebt«, denkst du vielleicht. *»Ich weiß auch von einer Sache, die jemandem passiert ist, der …«*

Mein Freund, wenn dir oder jemandem, den du persönlich kennst, etwas Schlimmes passiert ist, das sich nicht rückgängig machen lässt, werden Worte deinem Verlust niemals gerecht. Aber wir wollen, dass du weißt, dass Gott immer noch nah bei dir ist. Du bist ihm wichtig und sein größter Wunsch ist es, alles wieder gut und dich wieder heil zu machen.

Die Entscheidung liegt bei dir, ob du weiterhin an seinen göttlichen Schutz glaubst, wenn du morgens – oder wann auch immer – dein Zuhause verlässt. Können wir dich ermutigen, wieder auf Gottes unerschütterliches Wort zu hören und dein Herz von ihm trösten und dich von ihm mit Glauben erfüllen zu lassen (siehe Römer 10,17), damit du wieder auf ihn vertraust?

Wo immer du heute bist, wir beten, dass das, was Psalm 91 verspricht, zu deiner alltäglichen Erfahrung wird, und dass **der Friede Gottes deine Angst ersetzt und dich sicher durch eine gefährliche Welt navigiert.**

Seine Treue
gibt dir Deckung,
sie ist dein Schild,
der dich schützt.

PSALM 91,4 NGÜ

26 FRISS, WAS DICH AUFFRISST!

Heute wollen wir dir eine bahnbrechende, neue Sichtweise vorstellen. Sie wird total verändern, wie du die Probleme siehst, die dich innerlich auffressen und davon abhalten, Gottes Bestes zu empfangen.

Gott versprach einst, den Israeliten das Land Kanaan zu geben. Und die schickten ihre Kundschafter in das Land, um dort alles genau unter die Lupe zu nehmen. Tatsächlich war Kanaan ein reiches, üppiges Land, das vor Milch und Honig überfloss und in dem Früchte wuchsen, die so groß waren, dass es zwei Männer brauchte, um *eine* Weintraube mit Beeren an einer Stange zu tragen (siehe 4. Mose 13,23.27)!

Da war nur ein Problem: In dem Land gab es Riesen. Zumindest für 10 der 12 Kundschafter war das ein Problem. Und von diesen 10 breitete sich die Angst schnell auf den Rest der Israeliten aus: »Alle Menschen, die wir sahen, waren riesig … Neben ihnen fühlten wir uns wie Grashüpfer.«

Die beiden anderen Kundschafter, Josua und Kaleb, hatten eine andere Sichtweise. Sie sahen, wie gut das Land war, und sagten: »… fürchtet euch vor dem Volk dieses Landes nicht, denn **wir wollen sie fressen** wie Brot. Es ist ihr Schutz von ihnen gewichen, **der HERR aber ist mit uns**. Fürchtet euch nicht vor ihnen!« (4. Mose 14,9 LUT).

Diese beiden Männer sagten, dass die Riesen wie *Brot* für die Israeliten seien. Und wegen ihres Glaubens waren Josua und Kaleb schließlich die Einzigen aus ihrer Generation, die Kanaan betraten.

Was war also das Geheimnis dieser beiden Männer, das sie eine so vertrauensvolle Sichtweise haben ließ? Man kann es in den folgenden fünf Wörtern finden: »Der Herr ist mit uns.«

Stell dir vor, wie es ist, das mächtigste Wesen des Universums *bei dir* zu haben. *An deiner Seite.* Es bedeutet, dass seine unendliche Kraft, Versorgung, Gunst, sein Schutz und all das Gute, worüber wir von Tag 1 bis 25 gesprochen haben, **dir gehören**.

Kein Wunder, dass Josua und Kaleb die Riesen nicht als unüberwindliche Hindernisse, sondern als Nahrung sehen konnten, die sie stark machen würde.

Lieber Freund, *derselbe* Gott ist heute bei dir. **Fühl dich nicht wie ein Grashüpfer, wenn du dir die Herausforderungen in deinem Leben ansiehst. Stell sie neben den Herrn, der über jede Herausforderung triumphiert, und du wirst sie wegmampfen wie Brot!**

»Denn der Herr, euer Gott, geht mit euch! Er wird für euch gegen eure Feinde kämpfen und wird euch den Sieg geben!«

5. MOSE 20,4

27

FÜNF WORTE, DIE DEIN LEBEN VERANKERN

Da wir uns dem Ende unserer 28-tägigen Reise nähern, möchten wir dir fünf Worte mit auf deinen weiteren Weg geben: **Der Herr kämpft diesen Kampf**.

Mit wem oder was kämpfst du heute? Sind es deine Hasser und Kritiker, lähmende Gefühle der Hoffnungslosigkeit und Schuld, eine verborgene psychische Störung, drückende Schuldenberge oder problematische Familienbeziehungen?

Wusstest du, dass der Herr selbst diese Kämpfe führen will – für dich?

Wenn du das Gefühl hast, dass die Chancen heute in jeder Hinsicht schlecht für dich stehen, hoffen wir, dass dich die folgende Geschichte aus der Bibel ermutigt. Sie erzählt davon, wie Gott allen Widrigkeiten zum Trotz einen Sieg für das Volk Juda errang.

Drei große, blutrünstige Heere rückten schnell auf sie zu, und ihr König konnte nur im Gebet zum Herrn rufen: »Wir können nichts gegen dieses riesige Heer ausrichten, das uns angreifen will. Wir wissen nicht, was wir tun sollen, aber unsere Augen sind ganz auf dich gerichtet« (2. Chronik 20,12).

Nun schau dir die lebensrettende Antwort des Herrn durch einen Propheten an: »Habt keine Angst und verliert nicht den Mut angesichts dieses riesigen Heeres, denn nicht ihr kämpft diesen Kampf, sondern Gott!« (2. Chronik 20,15).

Oh Mann, und wie Gott ihren Kampf gewonnen hat! Während das Volk Juda seine Augen auf Gott gerichtet hielt, ließ er die drei Heere gegeneinander kämpfen, bis auch der letzte Feind erledigt war. Und die Leute von Juda machten richtig *Beute* bei der Schlacht – sie beanspruchten das Vieh, die Waren, die Kleidung und den Schmuck ihrer toten Feinde. Es gab so viel Beute, dass sie **drei Tage** brauchten, um alles einzusammeln (siehe 2. Chronik 20,25).

Heute kannst du all deinen Kämpfen mit einer *Haltung* der Gewissheit begegnen, dass der Herr sie kämpft, nicht du. Wenn dein Herz wild klopft und dein Verstand dich anschreit: »*Tu was* – irgendwas –, *du kannst nicht einfach da stehen und nichts tun!*«, kannst du mit Vertrauen anstatt mit Angst reagieren.

Ruf zuerst zum Herrn, lass ihn das Gewicht von deinen Schultern nehmen und dich sicher in ihm verankern, wenn du Stress und Angst erlebst – denn der Herr kämpft diesen Kampf. Auf diese Weise erlaubst du ihm, dich heute zum Sieg zu führen!

Der HERR selbst wird für euch kämpfen, wartet ihr nur ruhig ab!

2. MOSE 14,14 HFA

N

28 WER VERANKERT IST, HILFT ANDEREN BEIM ANKERN

Wie waren die letzten 27 Tage für dich? Wir hoffen, dass dein Herz jetzt stärker verankert ist – in der Liebe des Herrn, seinem vollbrachten Werk am Kreuz, deiner neuen Identität in ihm und in jedem Segen, den er dir in seinem Wort versprochen hat.

Und wenn du dem Herrn erlaubst, dein Herz in seinen Versprechen zu verankern, kannst du sicher sein, dass sie in jedem Bereich deines Lebens auch nach außen hin sichtbar werden. Jesus hat gesagt, dass diejenigen, die ihn suchen, »keinen Mangel an **guten Dingen** haben werden« (Psalm 34,10 NKJV). Zu den guten Dingen gehören tolle Beziehungen, gut vom Herrn versorgt zu werden und ein Leben, das auf geniale Weise zu der Bestimmung passt, die er für dich hat.

Dazu kommt noch, dass es auch für die Menschen um dich herum offensichtlich sein wird! Denk nur an Josefs ägyptischen

Dienstherrn in der Bibel, der *sehen* konnte, dass der Herr mit ihm war, »und ihm in allem, was er unternahm, Erfolg schenkte« (1. Mose 39,3).

Und dann werden deine Freunde dich fragen: »Irgendwas ist anders an dir. Was ist dein Geheimnis?«

Evangelisation in unserer heutigen Welt muss nicht nur von einer bestimmten Person auf einer Bühne kommen oder mit Hilfe von Flyern geschehen, auf denen ein Übergabegebet abgedruckt ist. So gut diese Dinge auch sind, so ist doch unser Leben als Christen der größte Beweis und das größte Zeugnis dafür, dass es einen echten und lebendigen Gott gibt.

Anstatt von Pflichtgefühl erfüllt zu denken, dass du deine Freunde und Verwandten zu Christus bringen *musst*, darfst du dich von seiner Liebe zu dir füllen lassen, durch die er seine überfließende Güte in deinem Leben sichtbar machen wird. Und das Ergebnis wird auf die Menschen in deinem Umfeld einfach unwiderstehlich wirken.

Du kannst sie durstig machen nach dem, was du hast. Vielleicht hat Jesus uns Christen deshalb das »Salz der Erde« genannt – unser herrliches Leben in ihm wird die Menschen danach dürsten lassen, die gleiche Erfahrung zu machen (siehe Matthäus 5,13).

Und das Beste daran?

Verankert zu sein bedeutet vor allem, eine *Beziehung* mit dem Herrn zu haben. Wenn er dich mit seiner Liebe erfüllt, wirst du feststellen, dass du Mitgefühl für andere entwickelst. Dann kannst du sie wirklich zu Christus führen, denn die Menschen interessieren sich erst dann für das, was du weißt, wenn sie wissen, dass du dich für *sie* interessierst. Wenn der Herr seine Liebe in dein Herz gießt, wirst du zu einer Quelle der Versorgung und kannst anderen ehrliches Interesse entgegenbringen. Das wird dir die Tür öffnen, um ihr Leben positiv zu beeinflussen.

Also – lebe verankert. So wirst du vielen anderen dabei helfen, sich ebenfalls zu verankern.

»Ich habe dich zum Licht für alle Völker gemacht, damit du der ganzen Welt die Rettung bringst.«

APOSTELGESCHICHTE 13,47 HFA

WOCHE 4

SELAH

(Pause machen / reflektieren / proklamieren)

Pause machen

Sieh dir nochmal an, was du am Ende von Woche 1 über dich selbst geschrieben hast. Dann stell dir heute vor, dass Gott dir mit einem Liebesbrief geantwortet hat. Nimm dir etwas Zeit, um auf der nächsten Seite die Worte aufzuschreiben, die er dir ins Herz flüstert – auch darüber, wie du dich sehen und was du über dich glauben sollst.

Reflektieren

Erzähle deiner Gruppe einen Teil davon, was der Herr über dein Leben und deine Zukunft in dein Herz schreibt, und was du darüber denkst und glaubst.

Beten

Nehmt euch als Gruppe einen Moment Zeit, um füreinander zu beten und neue Träume, Visionen, Bestimmungen und Berufungen in das Leben des jeweils anderen hineinzusprechen.

DAS ERKENNE ICH ALS WAHRHEIT AN

Heute lasse ich Folgendes hinter mir:

Und ich lasse dich (Gott) meine Geschichte umschreiben und mich in folgenden deiner Zusagen verankern:

Ich glaube, dass du heute Folgendes über mich denkst:

Und das sehe ich für meine Zukunft:

NOTIZEN

Diese sichere Hoffnung, gerettet zu sein, ist ein starker und zuverlässiger Anker für unsere Seelen und verbindet uns hinter den heiligen Vorhängen des Himmels mit Gott selbst.

HEBRÄER 6,19 TLB

MÖCHTEST DU JESUS PERSÖNLICH KENNENLERNEN?

Wenn du alles, was Jesus für dich getan hat, empfangen willst und ihn zu deinem Herrn und Retter machen möchtest, dann sprich bitte folgendes Gebet:

Herr Jesus, danke, dass du mich liebst und für mich am Kreuz gestorben bist. Dein kostbares Blut reinigt mich von jeder Sünde. Du bist mein Herr und mein Retter, jetzt und für immer. Ich glaube, dass du von den Toten auferstanden bist und dass du heute lebst. Dank deines vollbrachten Werks bin ich jetzt ein geliebtes Kind Gottes, und der Himmel ist mein Zuhause. Danke, dass du mir das ewige Leben gegeben hast; danke, dass du mein Herz mit deinem Frieden und deiner Freude erfüllt hast. Amen.

TWITTER, FACEBOOK & CO.

Bleibe mit uns in Kontakt und erhalte täglich ermutigende Lehrimpulse:

Facebook.com/JosephPrince
Twitter.com/JosephPrince
Youtube.com/JosephPrinceOnline
Instagram: @JosephPrince

WIR FREUEN UNS, VON DIR ZU HÖREN!

Wenn du Jesus gerade zu deinem Herrn und Retter gemacht hast oder uns nach dem Lesen dieses Buches dein Zeugnis erzählen möchtest, schreib uns:
JosephPrince.com/testimony

ÜBER JOSEPH PRINCE

Joseph Prince verkündigt seit über zwei Jahrzehnten Gottes Wort auf neue, erfrischende Weise und hebt dabei die Größe Jesu hervor. Er ist leitender Pastor der New Creation Church in Singapur, einer dynamischen Gemeinde, die jeden Sonntag mehr als 32.000 Gottesdienstbesucher zählt. Joseph ist außerdem als Sprecher auf Konferenzen unterwegs und auch im deutschen Fernsehen zu sehen. Sein Fernsehdienst Joseph Prince Ministries hat zum Ziel, Menschen mit dem Evangelium von Jesus Christus aufzubauen, zu ermutigen und zu inspirieren.

Weitere Informationen zu diesem Buch und zusätzliches Material von Joseph Prince sind auf www.josephprince.de verfügbar.

BÜCHER VON JOSEPH PRINCE

Schluss mit negativen Gedanken

Lass los und lebe

Lass los und lebe – Arbeitsbuch

Das Gebet des Schutzes

Das Gebet des Schutzes – Arbeitsbuch

Die Revolution der Gnade

Herrliche Gnade

Herrsche im Leben

Die Kraft des richtigen Glaubens

100 Tage in der Kraft des richtigen Glaubens

Zur Herrschaft bestimmt

Zur Herrschaft bestimmt – 365 Andachten

Unverdiente Gunst

100 Tage der Gunst

Heilungszusagen

Versorgungszusagen

Weitere Informationen zu diesen Büchern und anderen Materialien findest du auf JosephPrince.de.